수험생을 위한
54일 기도

글·그림 원인숙
선한목자예수수녀회

선한 목자 예수님의 사랑을
글과 그림으로
나누고 있습니다.
인스타그램 @hi_jesus__ (안녕예수님)

수험생을 위한
54일 기도

글 · 그림 **원인숙**

예 지
Wisdom Publishing

『수험생을 위한 54일 기도』
발간을 기뻐하며

해마다 대학 입시가 다가오면 수험생은 말할 것도 없고, 수험생을 자녀로 둔 부모님도 똑같이 긴장하고 초조해지기 마련입니다. 수험생이 좋은 결과를 얻으려면 공부도 중요하지만, 동시에 흔들리지 않고 자신의 실력을 유감없이 발휘할 수 있는 자신감과 정신력도 필요합니다. 또한 수험생 자녀가 이 어려운 시기를 잘 이겨내고 좋은 성과를 거두는 것은 모든 수험생 부모님의 소원일 것입니다.

때마침 수험생과 부모님께 영적인 길잡이가 되어줄『수험생을 위한 54일 기도』가 발간되어 기쁩니다. 이 책은 원인숙 가브리엘라 수녀님께서 그동안 인스타그램 '안녕! 예수님' 을 통해 수험생과 부모님을 위한 기도로 소개한 것을 함께 엮은 것입니다. 물론 이 책이 입시에 성공할 수 있는 무슨 비법을 담고 있지는 않습니다. 하지만 입시에서 오는 불안과 긴장감 속에서도 주님께서 우리와 함께 계신다는 것을 알고 감사하며, 마음을 모을 수 있도록 이 책이 도와줄 것입니다.

우리 신앙인들에게는 어떠한 어려움도 하느님께서 함께 하신다면 걱정할 것이 없다는 믿음이 있습니다. 입시는 수험생과 부모님들께 인생에서 넘어야 하는 어려움이고 도전입니다. 이 어려움과 도전을 그냥 마주하는 것이 아니라, 하느님과 함께 이겨내는 것은 우리 신앙인에게 참으로 중요합니다. 입시를 통해 우리가 더 깊이 하느님을 체험하고 그분의 현존과 사랑을 느낄 수 있기 때문입니다.

'의인의 간절한 기도는 큰 힘을 냅니다'(야고5,16)라는 성 야고보 사도의 말씀처럼, 이 책으로 기도하는 모든 수험생과 부모님들이 하느님 안에서 위로와 힘을 얻고, 마침내 풍성한 결실을 거두시기를 바랍니다.

천주교 서울대교구 청소년담당 교구장대리 주교

유 경 촌

‡ 추천의 글

54일 기도 ···

‡ 청원기도

✝ 감사기도

주요기도문 ●●

나는 너를 영원한 사랑으로 사랑하였다.

† 예레31,3

기도지향

하느님이 준비하신 길로 이끌어 주소서.

시작기도

우리를 좋은 길로 이끄시는 목자 예수님!
걱정하지 말고 두려워하지도 말라고 당부하신
당신 말씀에 신뢰를 두게 하소서.
(   )가 시험을 준비하면서 어려운 일이 있더라도
그 안에서 당신의 뜻을 발견하며,
감사함으로 인내하도록 지혜와 용기를 주소서.
우리 주 예수 그리스도를 통하여 비나이다.
아멘.

오늘의 말씀

나는 너를 영원한 사랑으로 사랑하였다. ― 예레 31,3

오늘의 묵주기도

환희의 신비

마침기도

모든 것을 이루게 하시는 목자 예수님
(   )가 무엇을 하든지 주님께 영광이 되게 하소서.
날마다 무엇을 시작하고 마칠 때
항상 함께 하시고, 주님의 사랑과 지혜가
자신의 삶을 채워 주심을 알고 감사하게 하소서.
그동안의 노력에 맞갖은 좋은 열매를 맺을 수 있도록
필요한 은총을 주시고,
언제나 당신께서 함께하신다는 굳은 믿음으로 마지막까지
최선을 다할 수 있도록 도와주소서.
우리 주 예수 그리스도를 통하여 비나이다.
아멘.

숨은 일도 보시는 네 아버지께서
너에게 갚아 주실 것이다.

† 마태6,4

기도지향

하느님의 도우심에 의지하며 끝까지 최선을 다하게 하소서.

시작기도

우리를 좋은 길로 이끄시는 목자 예수님!
걱정하지 말고 두려워하지도 말라고 당부하신
당신 말씀에 신뢰를 두게 하소서.
(　　　)가 시험을 준비하면서 어려운 일이 있더라도
그 안에서 당신의 뜻을 발견하며,
감사함으로 인내하도록 지혜와 용기를 주소서.
우리 주 예수 그리스도를 통하여 비나이다.
아멘.

오늘의 말씀

숨은 일도 보시는 네 아버지께서 너에게 갚아 주실 것이다.
— 마태 6,4

오늘의 묵주기도

빛의 신비

마침기도

모든 것을 이루게 하시는 목자 예수님
(   )가 무엇을 하든지 주님께 영광이 되게 하소서.
날마다 무엇을 시작하고 마칠 때
항상 함께 하시고, 주님의 사랑과 지혜가
자신의 삶을 채워 주심을 알고 감사하게 하소서.
그동안의 노력에 맞갖은 좋은 열매를 맺을 수 있도록
필요한 은총을 주시고,
언제나 당신께서 함께하신다는 굳은 믿음으로 마지막까지
최선을 다할 수 있도록 도와주소서.
우리 주 예수 그리스도를 통하여 비나이다.
아멘.

너희가 기도하며 청하는 것이 무엇이든
그것을 이미 받은 줄로 믿어라.
그러면 너희에게 그대로 이루어질 것이다.

† 마르11,24

기도지향

낙심하지 말고 기도하게 하소서.

시작기도

우리를 좋은 길로 이끄시는 목자 예수님!
걱정하지 말고 두려워하지도 말라고 당부하신
당신 말씀에 신뢰를 두게 하소서.
(   )가 시험을 준비하면서 어려운 일이 있더라도
그 안에서 당신의 뜻을 발견하며,
감사함으로 인내하도록 지혜와 용기를 주소서.
우리 주 예수 그리스도를 통하여 비나이다.
아멘.

오늘의 말씀

너희가 기도하며 청하는 것이 무엇이든 그것을 이미 받은 줄로
믿어라. 그러면 너희에게 그대로 이루어질 것이다. ─ 마르 11,24

고통의 신비

마침기도

모든 것을 이루게 하시는 목자 예수님
(   )가 무엇을 하든지 주님께 영광이 되게 하소서.
날마다 무엇을 시작하고 마칠 때
항상 함께 하시고, 주님의 사랑과 지혜가
자신의 삶을 채워 주심을 알고 감사하게 하소서.
그동안의 노력에 맞갖은 좋은 열매를 맺을 수 있도록
필요한 은총을 주시고,
언제나 당신께서 함께하신다는 굳은 믿음으로 마지막까지
최선을 다할 수 있도록 도와주소서.
우리 주 예수 그리스도를 통하여 비나이다.
아멘.

수험생 54일 기도(D-51)

그들에게 숨을 불어 넣으며 말씀하셨다.
'성령을 받아라.'

✝ 요한 20,22

기도지향

언제나 돌보시는 하느님을 바라볼 수 있게 하소서.

시작기도

우리를 좋은 길로 이끄시는 목자 예수님!
걱정하지 말고 두려워하지도 말라고 당부하신
당신 말씀에 신뢰를 두게 하소서.
(   )가 시험을 준비하면서 어려운 일이 있더라도
그 안에서 당신의 뜻을 발견하며,
감사함으로 인내하도록 지혜와 용기를 주소서.
우리 주 예수 그리스도를 통하여 비나이다.
아멘.

오늘의 말씀

그들에게 숨을 불어넣으며 말씀하셨다. '성령을 받아라.'
— 요한 20,22

영광의 신비

마침기도

모든 것을 이루게 하시는 목자 예수님
(   )가 무엇을 하든지 주님께 영광이 되게 하소서.
날마다 무엇을 시작하고 마칠 때
항상 함께 하시고, 주님의 사랑과 지혜가
자신의 삶을 채워 주심을 알고 감사하게 하소서.
그동안의 노력에 맞갖은 좋은 열매를 맺을 수 있도록
필요한 은총을 주시고,
언제나 당신께서 함께하신다는 굳은 믿음으로 마지막까지
최선을 다할 수 있도록 도와주소서.
우리 주 예수 그리스도를 통하여 비나이다.
아멘.

당신은 저의 피신처, 저의 방패
저는 당신 말씀에 희망을 둡니다.

† 시편119,114

남이 보지 못하는 것을 보며 살아가는 사람이 되도록
이끌어 주소서.

시작기도

우리를 좋은 길로 이끄시는 목자 예수님!
걱정하지 말고 두려워하지도 말라고 당부하신
당신 말씀에 신뢰를 두게 하소서.
(   )가 시험을 준비하면서 어려운 일이 있더라도
그 안에서 당신의 뜻을 발견하며,
감사함으로 인내하도록 지혜와 용기를 주소서.
우리 주 예수 그리스도를 통하여 비나이다.
아멘.

오늘의 말씀

당신은 저의 피신처, 저의 방패 저는 당신 말씀에 희망을
둡니다. ― 시편 119,114

환희의 신비

마침기도

모든 것을 이루게 하시는 목자 예수님
(   )가 무엇을 하든지 주님께 영광이 되게 하소서.
날마다 무엇을 시작하고 마칠 때
항상 함께 하시고, 주님의 사랑과 지혜가
자신의 삶을 채워 주심을 알고 감사하게 하소서.
그동안의 노력에 맞갖은 좋은 열매를 맺을 수 있도록
필요한 은총을 주시고,
언제나 당신께서 함께하신다는 굳은 믿음으로 마지막까지
최선을 다할 수 있도록 도와주소서.
우리 주 예수 그리스도를 통하여 비나이다.
아멘.

수험생 54일 기도(D-49)

나거나 들거나 주님께서 너를 지키신다,
이제부터 영원까지.

† 시편121,8

기도지향

모든 어려움을 예수님처럼 인내와 믿음으로 이겨낼 수 있도록 도와주소서.

시작기도

우리를 좋은 길로 이끄시는 목자 예수님!
걱정하지 말고 두려워하지도 말라고 당부하신
당신 말씀에 신뢰를 두게 하소서.
(   )가 시험을 준비하면서 어려운 일이 있더라도
그 안에서 당신의 뜻을 발견하며,
감사함으로 인내하도록 지혜와 용기를 주소서.
우리 주 예수 그리스도를 통하여 비나이다.
아멘.

오늘의 말씀

나거나 들거나 주님께서 너를 지키신다, 이제부터 영원까지.
— 시편 121,8

빛의 신비

마침기도

모든 것을 이루게 하시는 목자 예수님
(   )가 무엇을 하든지 주님께 영광이 되게 하소서.
날마다 무엇을 시작하고 마칠 때
항상 함께 하시고, 주님의 사랑과 지혜가
자신의 삶을 채워 주심을 알고 감사하게 하소서.
그동안의 노력에 맞갖은 좋은 열매를 맺을 수 있도록
필요한 은총을 주시고,
언제나 당신께서 함께하신다는 굳은 믿음으로 마지막까지
최선을 다할 수 있도록 도와주소서.
우리 주 예수 그리스도를 통하여 비나이다.
아멘.

내가 너를 구하려고 너와 함께 있다.

† 예레1,19

기도지향

실패와 좌절이 인생을 풍요롭게 하는 하나의 과정임을
깨달을 수 있도록 지혜를 허락하소서.

시작기도

우리를 좋은 길로 이끄시는 목자 예수님!
걱정하지 말고 두려워하지도 말라고 당부하신
당신 말씀에 신뢰를 두게 하소서.
(   )가 시험을 준비하면서 어려운 일이 있더라도
그 안에서 당신의 뜻을 발견하며,
감사함으로 인내하도록 지혜와 용기를 주소서.
우리 주 예수 그리스도를 통하여 비나이다.
아멘.

오늘의 말씀

내가 너를 구하려고 너와 함께 있다. ─ 예레 1,19

오늘의 묵주기도

고통의 신비

마침기도

모든 것을 이루게 하시는 목자 예수님
(   )가 무엇을 하든지 주님께 영광이 되게 하소서.
날마다 무엇을 시작하고 마칠 때
항상 함께 하시고, 주님의 사랑과 지혜가
자신의 삶을 채워 주심을 알고 감사하게 하소서.
그동안의 노력에 맞갖은 좋은 열매를 맺을 수 있도록
필요한 은총을 주시고,
언제나 당신께서 함께하신다는 굳은 믿음으로 마지막까지
최선을 다할 수 있도록 도와주소서.
우리 주 예수 그리스도를 통하여 비나이다.
아멘.

수험생 54일 기도(D-47)

주님께서는 온유한 이들에게
당신의 신비를 보여 주신다.

† 집회 3,19

삶의 참된 길, 진리, 생명은 바로 당신임을 알게 하소서.

시작기도

우리를 좋은 길로 이끄시는 목자 예수님!
걱정하지 말고 두려워하지도 말라고 당부하신
당신 말씀에 신뢰를 두게 하소서.
(   )가 시험을 준비하면서 어려운 일이 있더라도
그 안에서 당신의 뜻을 발견하며,
감사함으로 인내하도록 지혜와 용기를 주소서.
우리 주 예수 그리스도를 통하여 비나이다.
아멘.

오늘의 말씀

주님께서는 온유한 이들에게 당신의 신비를 보여 주신다.
— 집회 3,19

영광의 신비

마침기도

모든 것을 이루게 하시는 목자 예수님
(   )가 무엇을 하든지 주님께 영광이 되게 하소서.
날마다 무엇을 시작하고 마칠 때
항상 함께 하시고, 주님의 사랑과 지혜가
자신의 삶을 채워 주심을 알고 감사하게 하소서.
그동안의 노력에 맞갖은 좋은 열매를 맺을 수 있도록
필요한 은총을 주시고,
언제나 당신께서 함께하신다는 굳은 믿음으로 마지막까지
최선을 다할 수 있도록 도와주소서.
우리 주 예수 그리스도를 통하여 비나이다.
아멘.

수험생 54일 기도(D-46)

주님, 당신께서는 저를 살펴보시어 아십니다.
제가 앉거나 서거나 당신께서는 아시고
제 생각을 멀리서도 알아채십니다.

† 시편139,1-2

기도지향

힘들고 어려울 때 도와주시고, 지칠 때 위로하여 주소서.

시작기도

우리를 좋은 길로 이끄시는 목자 예수님!
걱정하지 말고 두려워하지도 말라고 당부하신
당신 말씀에 신뢰를 두게 하소서.
(   )가 시험을 준비하면서 어려운 일이 있더라도
그 안에서 당신의 뜻을 발견하며,
감사함으로 인내하도록 지혜와 용기를 주소서.
우리 주 예수 그리스도를 통하여 비나이다.
아멘.

오늘의 말씀

주님, 당신께서는 저를 살펴보시어 아십니다. 제가 앉거나 서
거나 당신께서는 아시고 제 생각을 멀리서도 알아채십니다.
— 시편 139,1-2

환희의 신비

마침기도

모든 것을 이루게 하시는 목자 예수님
(   )가 무엇을 하든지 주님께 영광이 되게 하소서.
날마다 무엇을 시작하고 마칠 때
항상 함께 하시고, 주님의 사랑과 지혜가
자신의 삶을 채워 주심을 알고 감사하게 하소서.
그동안의 노력에 맞갖은 좋은 열매를 맺을 수 있도록
필요한 은총을 주시고,
언제나 당신께서 함께하신다는 굳은 믿음으로 마지막까지
최선을 다할 수 있도록 도와주소서.
우리 주 예수 그리스도를 통하여 비나이다.
아멘.

수험생 54일 기도(D-45)

그분은 인자하신 아버지시며,
모든 위로의 하느님이십니다.

† 2코린 1,3

기도지향

당신의 눈으로 자신의 삶과 세상을 바라볼 수 있게 하소서.

시작기도

우리를 좋은 길로 이끄시는 목자 예수님!
걱정하지 말고 두려워하지도 말라고 당부하신
당신 말씀에 신뢰를 두게 하소서.
(   )가 시험을 준비하면서 어려운 일이 있더라도
그 안에서 당신의 뜻을 발견하며,
감사함으로 인내하도록 지혜와 용기를 주소서.
우리 주 예수 그리스도를 통하여 비나이다.
아멘.

오늘의 말씀

그분은 인자하신 아버지시며, 모든 위로의 하느님이십니다.
— 2코린 1,3

빛의 신비

마침기도

모든 것을 이루게 하시는 목자 예수님
(   )가 무엇을 하든지 주님께 영광이 되게 하소서.
날마다 무엇을 시작하고 마칠 때
항상 함께 하시고, 주님의 사랑과 지혜가
자신의 삶을 채워 주심을 알고 감사하게 하소서.
그동안의 노력에 맞갖은 좋은 열매를 맺을 수 있도록
필요한 은총을 주시고,
언제나 당신께서 함께하신다는 굳은 믿음으로 마지막까지
최선을 다할 수 있도록 도와주소서.
우리 주 예수 그리스도를 통하여 비나이다.
아멘.

저는 늘 당신과 함께 있어 당신께서
제 오른손을 붙들어 주셨습니다.

† 시편73,23

기도지향

기도 안에서 당신과 함께 살아가는 법을 알게 하소서.

시작기도

우리를 좋은 길로 이끄시는 목자 예수님!
걱정하지 말고 두려워하지도 말라고 당부하신
당신 말씀에 신뢰를 두게 하소서.
(　　　　)가 시험을 준비하면서 어려운 일이 있더라도
그 안에서 당신의 뜻을 발견하며,
감사함으로 인내하도록 지혜와 용기를 주소서.
우리 주 예수 그리스도를 통하여 비나이다.
아멘.

오늘의 말씀

저는 늘 당신과 함께 있어 당신께서 제 오른손을 붙들어 주셨
습니다. ─ 시편 73,23

고통의 신비

마침기도

모든 것을 이루게 하시는 목자 예수님
(   )가 무엇을 하든지 주님께 영광이 되게 하소서.
날마다 무엇을 시작하고 마칠 때
항상 함께 하시고, 주님의 사랑과 지혜가
자신의 삶을 채워 주심을 알고 감사하게 하소서.
그동안의 노력에 맞갖은 좋은 열매를 맺을 수 있도록
필요한 은총을 주시고,
언제나 당신께서 함께하신다는 굳은 믿음으로 마지막까지
최선을 다할 수 있도록 도와주소서.
우리 주 예수 그리스도를 통하여 비나이다.
아멘.

네가 나의 눈에 값지고 소중하며,
내가 너를 사랑한다.

† 이사43,4

자신의 기도가 하느님의 뜻을 이루는 기도가 되게 하소서.

시작기도

우리를 좋은 길로 이끄시는 목자 예수님!
걱정하지 말고 두려워하지도 말라고 당부하신
당신 말씀에 신뢰를 두게 하소서.
(   )가 시험을 준비하면서 어려운 일이 있더라도
그 안에서 당신의 뜻을 발견하며,
감사함으로 인내하도록 지혜와 용기를 주소서.
우리 주 예수 그리스도를 통하여 비나이다.
아멘.

오늘의 말씀

네가 나의 눈에 값지고 소중하며, 내가 너를 사랑한다.
— 이사 43,4

마침기도

모든 것을 이루게 하시는 목자 예수님
(   )가 무엇을 하든지 주님께 영광이 되게 하소서.
날마다 무엇을 시작하고 마칠 때
항상 함께 하시고, 주님의 사랑과 지혜가
자신의 삶을 채워 주심을 알고 감사하게 하소서.
그동안의 노력에 맞갖은 좋은 열매를 맺을 수 있도록
필요한 은총을 주시고,
언제나 당신께서 함께하신다는 굳은 믿음으로 마지막까지
최선을 다할 수 있도록 도와주소서.
우리 주 예수 그리스도를 통하여 비나이다.
아멘.

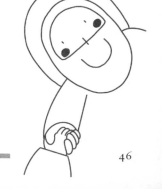

당신은 '저를 돌보시는 하느님'이십니다.

✝ 창세16,13

기도지향

자신에게 맡겨진 일 앞에서 기도하게 하시고, 당신과 함께 할
수 있도록 하소서.

시작기도

우리를 좋은 길로 이끄시는 목자 예수님!
걱정하지 말고 두려워하지도 말라고 당부하신
당신 말씀에 신뢰를 두게 하소서.
(   )가 시험을 준비하면서 어려운 일이 있더라도
그 안에서 당신의 뜻을 발견하며,
감사함으로 인내하도록 지혜와 용기를 주소서.
우리 주 예수 그리스도를 통하여 비나이다.
아멘.

오늘의 말씀

당신은 '저를 돌보시는 하느님'이십니다. — 창세 16,13

오늘의 묵주기도

환희의 신비

마침기도

모든 것을 이루게 하시는 목자 예수님
(   )가 무엇을 하든지 주님께 영광이 되게 하소서.
날마다 무엇을 시작하고 마칠 때
항상 함께 하시고, 주님의 사랑과 지혜가
자신의 삶을 채워 주심을 알고 감사하게 하소서.
그동안의 노력에 맞갖은 좋은 열매를 맺을 수 있도록
필요한 은총을 주시고,
언제나 당신께서 함께하신다는 굳은 믿음으로 마지막까지
최선을 다할 수 있도록 도와주소서.
우리 주 예수 그리스도를 통하여 비나이다.
아멘.

주님께서 사랑하시는 그는
주님 곁에서 평안히 산다.
주님께서 언제나 그를 보호하시니
그는 그분의 어깨 사이에서 산다.

† 신명 33,12

기도지향

자신이 맡은 일에 성실함으로 임하는 힘을 주소서.

시작기도

우리를 좋은 길로 이끄시는 목자 예수님!
걱정하지 말고 두려워하지도 말라고 당부하신
당신 말씀에 신뢰를 두게 하소서.
(   )가 시험을 준비하면서 어려운 일이 있더라도
그 안에서 당신의 뜻을 발견하며,
감사함으로 인내하도록 지혜와 용기를 주소서.
우리 주 예수 그리스도를 통하여 비나이다.
아멘.

오늘의 말씀

주님께서 사랑하시는 그는 주님 곁에서 평안히 산다. 주님께
서 언제나 그를 보호하시니 그는 그분의 어깨 사이에서 산다.
— 신명 33,12

빛의 신비

마침기도

모든 것을 이루게 하시는 목자 예수님
(   )가 무엇을 하든지 주님께 영광이 되게 하소서.
날마다 무엇을 시작하고 마칠 때
항상 함께 하시고, 주님의 사랑과 지혜가
자신의 삶을 채워 주심을 알고 감사하게 하소서.
그동안의 노력에 맞갖은 좋은 열매를 맺을 수 있도록
필요한 은총을 주시고,
언제나 당신께서 함께하신다는 굳은 믿음으로 마지막까지
최선을 다할 수 있도록 도와주소서.
우리 주 예수 그리스도를 통하여 비나이다.
아멘.

그분께서는 나의 구원과 소망을
모두 이루어 주시지 않는가!

† 2사무 23,5

어떤 일에서든지 당신의 뜻을 먼저 찾게 하소서.

시작기도

우리를 좋은 길로 이끄시는 목자 예수님!
걱정하지 말고 두려워하지도 말라고 당부하신
당신 말씀에 신뢰를 두게 하소서.
(   )가 시험을 준비하면서 어려운 일이 있더라도
그 안에서 당신의 뜻을 발견하며,
감사함으로 인내하도록 지혜와 용기를 주소서.
우리 주 예수 그리스도를 통하여 비나이다.
아멘.

오늘의 말씀

그분께서는 나의 구원과 소망을 모두 이루어 주시지 않는가!
— 2사무 23,5

오늘의 묵주기도

고통의 신비

마침기도

모든 것을 이루게 하시는 목자 예수님
(   )가 무엇을 하든지 주님께 영광이 되게 하소서.
날마다 무엇을 시작하고 마칠 때
항상 함께 하시고, 주님의 사랑과 지혜가
자신의 삶을 채워 주심을 알고 감사하게 하소서.
그동안의 노력에 맞갖은 좋은 열매를 맺을 수 있도록
필요한 은총을 주시고,
언제나 당신께서 함께하신다는 굳은 믿음으로 마지막까지
최선을 다할 수 있도록 도와주소서.
우리 주 예수 그리스도를 통하여 비나이다.
아멘.

수험생 54일 기도(D-39)

아버지께서 나를 사랑하신 것처럼
나도 너희를 사랑하였다.
너희는 내 사랑 안에 머물러라.

† 요한15,9

기도지향

주어진 삶에 늘 기도로 당신 안에 머무르게 하소서.

시작기도

우리를 좋은 길로 이끄시는 목자 예수님!
걱정하지 말고 두려워하지도 말라고 당부하신
당신 말씀에 신뢰를 두게 하소서.
(   )가 시험을 준비하면서 어려운 일이 있더라도
그 안에서 당신의 뜻을 발견하며,
감사함으로 인내하도록 지혜와 용기를 주소서.
우리 주 예수 그리스도를 통하여 비나이다.
아멘.

오늘의 말씀

아버지께서 나를 사랑하신 것처럼 나도 너희를 사랑하였다.
너희는 내 사랑 안에 머물러라. ─ 요한 15,9

오늘의 묵주기도

영광의 신비

마침기도

모든 것을 이루게 하시는 목자 예수님
(   )가 무엇을 하든지 주님께 영광이 되게 하소서.
날마다 무엇을 시작하고 마칠 때
항상 함께 하시고, 주님의 사랑과 지혜가
자신의 삶을 채워 주심을 알고 감사하게 하소서.
그동안의 노력에 맞갖은 좋은 열매를 맺을 수 있도록
필요한 은총을 주시고,
언제나 당신께서 함께하신다는 굳은 믿음으로 마지막까지
최선을 다할 수 있도록 도와주소서.
우리 주 예수 그리스도를 통하여 비나이다.
아멘.

당신의 막대와 지팡이가 저에게 위안을 줍니다.

✝ 시편23,4

자신에게 주어진 매일을 감사하며, 당신께 의탁할 수 있는
겸손한 믿음을 주소서.

시작기도

우리를 좋은 길로 이끄시는 목자 예수님!
걱정하지 말고 두려워하지도 말라고 당부하신
당신 말씀에 신뢰를 두게 하소서.
(   )가 시험을 준비하면서 어려운 일이 있더라도
그 안에서 당신의 뜻을 발견하며,
감사함으로 인내하도록 지혜와 용기를 주소서.
우리 주 예수 그리스도를 통하여 비나이다.
아멘.

오늘의 말씀

당신의 막대와 지팡이가 저에게 위안을 줍니다. ─ 시편 23,4

오늘의 묵주기도

환희의 신비

마침기도

모든 것을 이루게 하시는 목자 예수님
(   )가 무엇을 하든지 주님께 영광이 되게 하소서.
날마다 무엇을 시작하고 마칠 때
항상 함께 하시고, 주님의 사랑과 지혜가
자신의 삶을 채워 주심을 알고 감사하게 하소서.
그동안의 노력에 맞갖은 좋은 열매를 맺을 수 있도록
필요한 은총을 주시고,
언제나 당신께서 함께하신다는 굳은 믿음으로 마지막까지
최선을 다할 수 있도록 도와주소서.
우리 주 예수 그리스도를 통하여 비나이다.
아멘.

수험생 54일 기도(D-37)

정녕 당신께는 생명의 샘이 있고
당신 빛으로 저희는 빛을 봅니다.

✝ 시편 36,10

기도지향

현명함의 은총을 주시어 세상의 어두움으로부터 거리를
두게 하소서.

시작기도

우리를 좋은 길로 이끄시는 목자 예수님!
걱정하지 말고 두려워하지도 말라고 당부하신
당신 말씀에 신뢰를 두게 하소서.
(   )가 시험을 준비하면서 어려운 일이 있더라도
그 안에서 당신의 뜻을 발견하며,
감사함으로 인내하도록 지혜와 용기를 주소서.
우리 주 예수 그리스도를 통하여 비나이다.
아멘.

오늘의 말씀

정녕 당신께는 생명의 샘이 있고 당신 빛으로 저희는 빛을
봅니다. — 시편 36,10

빛의 신비

마침기도

모든 것을 이루게 하시는 목자 예수님
(   )가 무엇을 하든지 주님께 영광이 되게 하소서.
날마다 무엇을 시작하고 마칠 때
항상 함께 하시고, 주님의 사랑과 지혜가
자신의 삶을 채워 주심을 알고 감사하게 하소서.
그동안의 노력에 맞갖은 좋은 열매를 맺을 수 있도록
필요한 은총을 주시고,
언제나 당신께서 함께하신다는 굳은 믿음으로 마지막까지
최선을 다할 수 있도록 도와주소서.
우리 주 예수 그리스도를 통하여 비나이다.
아멘.

주님은 나의 힘, 나의 굳셈,
나에게 구원이 되어 주셨다.

† 탈출15,2

고통이나 슬픔 속에서도 당신의 뜻을 찾을 수 있게 하소서.

시작기도

우리를 좋은 길로 이끄시는 목자 예수님!
걱정하지 말고 두려워하지도 말라고 당부하신
당신 말씀에 신뢰를 두게 하소서.
(   )가 시험을 준비하면서 어려운 일이 있더라도
그 안에서 당신의 뜻을 발견하며,
감사함으로 인내하도록 지혜와 용기를 주소서.
우리 주 예수 그리스도를 통하여 비나이다.
아멘.

오늘의 말씀

주님은 나의 힘, 나의 굳셈, 나에게 구원이 되어 주셨다.
— 탈출 15,2

고통의 신비

마침기도

모든 것을 이루게 하시는 목자 예수님
(   )가 무엇을 하든지 주님께 영광이 되게 하소서.
날마다 무엇을 시작하고 마칠 때
항상 함께 하시고, 주님의 사랑과 지혜가
자신의 삶을 채워 주심을 알고 감사하게 하소서.
그동안의 노력에 맞갖은 좋은 열매를 맺을 수 있도록
필요한 은총을 주시고,
언제나 당신께서 함께하신다는 굳은 믿음으로 마지막까지
최선을 다할 수 있도록 도와주소서.
우리 주 예수 그리스도를 통하여 비나이다.
아멘.

제 속에 수많은 걱정들이 쌓여 갈 제
당신의 위로가 제 영혼을 기쁘게 하였습니다.

† 시편 94,19

기도지향

영혼의 건강함으로 마음이 평안하게 하소서.

시작기도

우리를 좋은 길로 이끄시는 목자 예수님!
걱정하지 말고 두려워하지도 말라고 당부하신
당신 말씀에 신뢰를 두게 하소서.
(   )가 시험을 준비하면서 어려운 일이 있더라도
그 안에서 당신의 뜻을 발견하며,
감사함으로 인내하도록 지혜와 용기를 주소서.
우리 주 예수 그리스도를 통하여 비나이다.
아멘.

오늘의 말씀

제 속에 수많은 걱정들이 쌓여 갈 제 당신의 위로가 제 영혼을
기쁘게 하였습니다. ― 시편 94,19

영광의 신비

마침기도

모든 것을 이루게 하시는 목자 예수님
(   )가 무엇을 하든지 주님께 영광이 되게 하소서.
날마다 무엇을 시작하고 마칠 때
항상 함께 하시고, 주님의 사랑과 지혜가
자신의 삶을 채워 주심을 알고 감사하게 하소서.
그동안의 노력에 맞갖은 좋은 열매를 맺을 수 있도록
필요한 은총을 주시고,
언제나 당신께서 함께하신다는 굳은 믿음으로 마지막까지
최선을 다할 수 있도록 도와주소서.
우리 주 예수 그리스도를 통하여 비나이다.
아멘.

서로가 서로를 도와주며 자기 동료에게
"힘을 내!" 하고 말한다.

† 이사41,6

기도지향

함께 공부하는 친구들과 서로 격려하게 하소서.

시작기도

우리를 좋은 길로 이끄시는 목자 예수님!
걱정하지 말고 두려워하지도 말라고 당부하신
당신 말씀에 신뢰를 두게 하소서.
(   )가 시험을 준비하면서 어려운 일이 있더라도
그 안에서 당신의 뜻을 발견하며,
감사함으로 인내하도록 지혜와 용기를 주소서.
우리 주 예수 그리스도를 통하여 비나이다.
아멘.

오늘의 말씀

서로가 서로를 도와주며 자기 동료에게 "힘을 내!" 하고 말한다.
— 이사 41,6

환희의 신비

마침기도

모든 것을 이루게 하시는 목자 예수님
(   )가 무엇을 하든지 주님께 영광이 되게 하소서.
날마다 무엇을 시작하고 마칠 때
항상 함께 하시고, 주님의 사랑과 지혜가
자신의 삶을 채워 주심을 알고 감사하게 하소서.
그동안의 노력에 맞갖은 좋은 열매를 맺을 수 있도록
필요한 은총을 주시고,
언제나 당신께서 함께하신다는 굳은 믿음으로 마지막까지
최선을 다할 수 있도록 도와주소서.
우리 주 예수 그리스도를 통하여 비나이다.
아멘.

그분께서는 네 발이 비틀거리지 않게 하시고
너를 지키시는 그분께서는 졸지도 않으신다.

† 시편121,3

기도지향

좌절 앞에서도 강한 신뢰로 믿음이 더욱 깊어지는 은총을 체험하게 하소서.

시작기도

우리를 좋은 길로 이끄시는 목자 예수님!
걱정하지 말고 두려워하지도 말라고 당부하신
당신 말씀에 신뢰를 두게 하소서.
(   )가 시험을 준비하면서 어려운 일이 있더라도
그 안에서 당신의 뜻을 발견하며,
감사함으로 인내하도록 지혜와 용기를 주소서.
우리 주 예수 그리스도를 통하여 비나이다.
아멘.

오늘의 말씀

그분께서는 네 발이 비틀거리지 않게 하시고 너를 지키시는 그분께서는 졸지도 않으신다. — 시편 121,3

오늘의 묵주기도

빛의 신비

마침기도

모든 것을 이루게 하시는 목자 예수님
(   )가 무엇을 하든지 주님께 영광이 되게 하소서.
날마다 무엇을 시작하고 마칠 때
항상 함께 하시고, 주님의 사랑과 지혜가
자신의 삶을 채워 주심을 알고 감사하게 하소서.
그동안의 노력에 맞갖은 좋은 열매를 맺을 수 있도록
필요한 은총을 주시고,
언제나 당신께서 함께하신다는 굳은 믿음으로 마지막까지
최선을 다할 수 있도록 도와주소서.
우리 주 예수 그리스도를 통하여 비나이다.
아멘.

주님께 바라는 이들은 새 힘을 얻고
독수리처럼 날개 치며 올라간다. 그들은 뛰어도
지칠 줄 모르고 걸어도 피곤한 줄 모른다.

† 이사40,31

기도지향

자신에게 맡겨진 일에 최선을 다할 수 있는 지혜와 충분한
휴식도 함께 허락하소서.

시작기도

우리를 좋은 길로 이끄시는 목자 예수님!
걱정하지 말고 두려워하지도 말라고 당부하신
당신 말씀에 신뢰를 두게 하소서.
(   )가 시험을 준비하면서 어려운 일이 있더라도
그 안에서 당신의 뜻을 발견하며,
감사함으로 인내하도록 지혜와 용기를 주소서.
우리 주 예수 그리스도를 통하여 비나이다.
아멘.

오늘의 말씀

주님께 바라는 이들은 새 힘을 얻고 독수리처럼 날개 치며 올라
간다. 그들은 뛰어도 지칠 줄 모르고 걸어도 피곤한 줄 모른다.
— 이사 40,31

고통의 신비

마침기도

모든 것을 이루게 하시는 목자 예수님
(   )가 무엇을 하든지 주님께 영광이 되게 하소서.
날마다 무엇을 시작하고 마칠 때
항상 함께 하시고, 주님의 사랑과 지혜가
자신의 삶을 채워 주심을 알고 감사하게 하소서.
그동안의 노력에 맞갖은 좋은 열매를 맺을 수 있도록
필요한 은총을 주시고,
언제나 당신께서 함께하신다는 굳은 믿음으로 마지막까지
최선을 다할 수 있도록 도와주소서.
우리 주 예수 그리스도를 통하여 비나이다.
아멘.

수험생 54일 기도(D-31)

그분께서는 피곤한 이에게 힘을 주시고
기운이 없는 이에게 기력을 북돋아 주신다.

† 이사40,29

기도지향

세상의 지혜보다 당신을 아는 지혜의 가치를 깨닫게 하소서.

시작기도

우리를 좋은 길로 이끄시는 목자 예수님!
걱정하지 말고 두려워하지도 말라고 당부하신
당신 말씀에 신뢰를 두게 하소서.
(   )가 시험을 준비하면서 어려운 일이 있더라도
그 안에서 당신의 뜻을 발견하며,
감사함으로 인내하도록 지혜와 용기를 주소서.
우리 주 예수 그리스도를 통하여 비나이다.
아멘.

오늘의 말씀

그분께서는 피곤한 이에게 힘을 주시고 기운이 없는 이에게
기력을 북돋아 주신다. ─ 이사 40,29

영광의 신비

마침기도

모든 것을 이루게 하시는 목자 예수님
(   )가 무엇을 하든지 주님께 영광이 되게 하소서.
날마다 무엇을 시작하고 마칠 때
항상 함께 하시고, 주님의 사랑과 지혜가
자신의 삶을 채워 주심을 알고 감사하게 하소서.
그동안의 노력에 맞갖은 좋은 열매를 맺을 수 있도록
필요한 은총을 주시고,
언제나 당신께서 함께하신다는 굳은 믿음으로 마지막까지
최선을 다할 수 있도록 도와주소서.
우리 주 예수 그리스도를 통하여 비나이다.
아멘.

사람의 모든 이해를 뛰어넘는 하느님의
평화가 여러분의 마음과 생각을
그리스도 예수님 안에서 지켜 줄 것입니다.

† 필리4,7

기도지향

성부를 믿고 신뢰하신 예수님처럼 자신을 내어 맡기는 깊은
믿음을 주소서.

시작기도

우리를 좋은 길로 이끄시는 목자 예수님!
걱정하지 말고 두려워하지도 말라고 당부하신
당신 말씀에 신뢰를 두게 하소서.
(   )가 시험을 준비하면서 어려운 일이 있더라도
그 안에서 당신의 뜻을 발견하며,
감사함으로 인내하도록 지혜와 용기를 주소서.
우리 주 예수 그리스도를 통하여 비나이다.
아멘.

오늘의 말씀

사람의 모든 이해를 뛰어넘는 하느님의 평화가 여러분의 마
음과 생각을 그리스도 예수님 안에서 지켜 줄 것입니다. – 필
리 4,7

환희의 신비

마침기도

모든 것을 이루게 하시는 목자 예수님
(   )가 무엇을 하든지 주님께 영광이 되게 하소서.
날마다 무엇을 시작하고 마칠 때
항상 함께 하시고, 주님의 사랑과 지혜가
자신의 삶을 채워 주심을 알고 감사하게 하소서.
그동안의 노력에 맞갖은 좋은 열매를 맺을 수 있도록
필요한 은총을 주시고,
언제나 당신께서 함께하신다는 굳은 믿음으로 마지막까지
최선을 다할 수 있도록 도와주소서.
우리 주 예수 그리스도를 통하여 비나이다.
아멘.

우리는 우리를 사랑해 주신 분의 도움에
힘입어 이 모든 것을 이겨 내고도 남습니다.

† 로마8,37

어려움을 이겨내는 굳건한 힘과 용기를 주소서.

시작기도

우리를 좋은 길로 이끄시는 목자 예수님!
걱정하지 말고 두려워하지도 말라고 당부하신
당신 말씀에 신뢰를 두게 하소서.
(   )가 시험을 준비하면서 어려운 일이 있더라도
그 안에서 당신의 뜻을 발견하며,
감사함으로 인내하도록 지혜와 용기를 주소서.
우리 주 예수 그리스도를 통하여 비나이다.
아멘.

오늘의 말씀

우리는 우리를 사랑해 주신 분의 도움에 힘입어 이 모든 것을
이겨 내고도 남습니다. — 로마 8,37

오늘의 묵주기도

빛의 신비

마침기도

모든 것을 이루게 하시는 목자 예수님
(   )가 무엇을 하든지 주님께 영광이 되게 하소서.
날마다 무엇을 시작하고 마칠 때
항상 함께 하시고, 주님의 사랑과 지혜가
자신의 삶을 채워 주심을 알고 감사하게 하소서.
그동안의 노력에 맞갖은 좋은 열매를 맺을 수 있도록
필요한 은총을 주시고,
언제나 당신께서 함께하신다는 굳은 믿음으로 마지막까지
최선을 다할 수 있도록 도와주소서.
우리 주 예수 그리스도를 통하여 비나이다.
아멘.

제 마음 다하여 당신 자비를 애원하니
당신 말씀대로 저에게 자비를 베푸소서.

✝ 시편 119,58

기도지향

모든 과정과 결과를 주님께 봉헌하게 하소서.

시작기도

우리를 좋은 길로 이끄시는 목자 예수님!
걱정하지 말고 두려워하지도 말라고 당부하신
당신 말씀에 신뢰를 두게 하소서.
(   )가 시험을 준비하면서 어려운 일이 있더라도
그 안에서 당신의 뜻을 발견하며,
감사함으로 인내하도록 지혜와 용기를 주소서.
우리 주 예수 그리스도를 통하여 비나이다.
아멘.

오늘의 말씀

제 마음 다하여 당신 자비를 애원하니 당신 말씀대로 저에게
자비를 베푸소서. ─ 시편 119,58

고통의 신비

마침기도

모든 것을 이루게 하시는 목자 예수님
(　　　)가 무엇을 하든지 주님께 영광이 되게 하소서.
날마다 무엇을 시작하고 마칠 때
항상 함께 하시고, 주님의 사랑과 지혜가
자신의 삶을 채워 주심을 알고 감사하게 하소서.
그동안의 노력에 맞갖은 좋은 열매를 맺을 수 있도록
필요한 은총을 주시고,
언제나 당신께서 함께하신다는 굳은 믿음으로 마지막까지
최선을 다할 수 있도록 도와주소서.
우리 주 예수 그리스도를 통하여 비나이다.
아멘.

수험생 54일 기도(D-27)

지혜는 지각의 빵으로 그를 먹이고
이해의 물을 그에게 주리라.

† 집회 15,3

기도지향

경쟁에 뒤처지더라도 편안할 수 있는 자유로움을 주소서.

시작기도

우리를 좋은 길로 이끄시는 목자 예수님!
걱정하지 말고 두려워하지도 말라고 당부하신
당신 말씀에 신뢰를 두게 하소서.
(   )가 시험을 준비하면서 어려운 일이 있더라도
그 안에서 당신의 뜻을 발견하며,
감사함으로 인내하도록 지혜와 용기를 주소서.
우리 주 예수 그리스도를 통하여 비나이다.
아멘.

오늘의 말씀

지혜는 지각의 빵으로 그를 먹이고 이해의 물을 그에게
주리라. ― 집회 15.3

영광의 신비

마침기도

모든 것을 이루게 하시는 목자 예수님
(   )가 무엇을 하든지 주님께 영광이 되게 하소서.
날마다 무엇을 시작하고 마칠 때
항상 함께 하시고, 주님의 사랑과 지혜가
자신의 삶을 채워 주심을 알고 감사하게 하소서.
그동안의 노력에 맞갖은 좋은 열매를 맺을 수 있도록
필요한 은총을 주시고,
언제나 당신께서 함께하신다는 굳은 믿음으로 마지막까지
최선을 다할 수 있도록 도와주소서.
우리 주 예수 그리스도를 통하여 비나이다.
아멘.

우리는 하느님께 피어오르는
그리스도의 향기입니다.

† 2코린 2,15

기도지향

선한 열매를 맺기 위해 늘 겸손하게 하소서.

시작기도

우리를 좋은 길로 이끄시는 목자 예수님!
걱정하지 말고 두려워하지도 말라고 당부하신
당신 말씀에 신뢰를 두게 하소서.
(   )가 시험을 준비하면서 어려운 일이 있더라도
그 안에서 당신의 뜻을 발견하며,
감사함으로 인내하도록 지혜와 용기를 주소서.
우리 주 예수 그리스도를 통하여 비나이다.
아멘.

오늘의 말씀

우리는 하느님께 피어오르는 그리스도의 향기입니다.
— 2코린 2,15

환희의 신비

마침기도

모든 것을 이루게 하시는 목자 예수님
(   )가 무엇을 하든지 주님께 영광이 되게 하소서.
날마다 무엇을 시작하고 마칠 때
항상 함께 하시고, 주님의 사랑과 지혜가
자신의 삶을 채워 주심을 알고 감사하게 하소서.
그동안의 노력에 맞갖은 좋은 열매를 맺을 수 있도록
필요한 은총을 주시고,
언제나 당신께서 함께하신다는 굳은 믿음으로 마지막까지
최선을 다할 수 있도록 도와주소서.
우리 주 예수 그리스도를 통하여 비나이다.
아멘.

행복하여라, 슬퍼하는 사람들!
그들은 위로를 받을 것이다.

† 마태 5, 4

기도지향

고통 후에 있을 영광을 희망하게 하소서.

시작기도

우리를 좋은 길로 이끄시는 목자 예수님!
걱정하지 말고 두려워하지도 말라고 당부하신
당신 말씀에 신뢰를 두게 하소서.
(   )가 시험을 준비하면서 어려운 일이 있더라도
그 안에서 당신의 뜻을 발견하며,
감사함으로 인내하도록 지혜와 용기를 주소서.
우리 주 예수 그리스도를 통하여 비나이다.
아멘.

오늘의 말씀

행복하여라, 슬퍼하는 사람들! 그들은 위로를 받을 것이다.
― 마태 5,4

빛의 신비

마침기도

모든 것을 이루게 하시는 목자 예수님
(   )가 무엇을 하든지 주님께 영광이 되게 하소서.
날마다 무엇을 시작하고 마칠 때
항상 함께 하시고, 주님의 사랑과 지혜가
자신의 삶을 채워 주심을 알고 감사하게 하소서.
그동안의 노력에 맞갖은 좋은 열매를 맺을 수 있도록
필요한 은총을 주시고,
언제나 당신께서 함께하신다는 굳은 믿음으로 마지막까지
최선을 다할 수 있도록 도와주소서.
우리 주 예수 그리스도를 통하여 비나이다.
아멘.

하느님의 길은 결백하고 주님의 말씀은
순수하며 그분께서는 당신께 피신하는
모든 이에게 방패가 되신다.

† 시편18,31

당신이 주시는 지혜로 충만하게 하소서.

시작기도

우리를 좋은 길로 이끄시는 목자 예수님!
걱정하지 말고 두려워하지도 말라고 당부하신
당신 말씀에 신뢰를 두게 하소서.
(   )가 시험을 준비하면서 어려운 일이 있더라도
그 안에서 당신의 뜻을 발견하며,
감사함으로 인내하도록 지혜와 용기를 주소서.
우리 주 예수 그리스도를 통하여 비나이다.
아멘.

오늘의 말씀

하느님의 길은 결백하고 주님의 말씀은 순수하며 그분께서
는 당신께 피신하는 모든 이에게 방패가 되신다. ― 시편 18,31

고통의 신비

마침기도

모든 것을 이루게 하시는 목자 예수님
(   )가 무엇을 하든지 주님께 영광이 되게 하소서.
날마다 무엇을 시작하고 마칠 때
항상 함께 하시고, 주님의 사랑과 지혜가
자신의 삶을 채워 주심을 알고 감사하게 하소서.
그동안의 노력에 맞갖은 좋은 열매를 맺을 수 있도록
필요한 은총을 주시고,
언제나 당신께서 함께하신다는 굳은 믿음으로 마지막까지
최선을 다할 수 있도록 도와주소서.
우리 주 예수 그리스도를 통하여 비나이다.
아멘.

나는 마음이 온유하고 겸손하니
내 멍에를 메고 나에게 배워라.
그러면 너희가 안식을 얻을 것이다.

✝ 마태11,29

늘 사랑으로 충만한 사람이 되게 하소서.

시작기도

우리를 좋은 길로 이끄시는 목자 예수님!
걱정하지 말고 두려워하지도 말라고 당부하신
당신 말씀에 신뢰를 두게 하소서.
(   )가 시험을 준비하면서 어려운 일이 있더라도
그 안에서 당신의 뜻을 발견하며,
감사함으로 인내하도록 지혜와 용기를 주소서.
우리 주 예수 그리스도를 통하여 비나이다.
아멘.

오늘의 말씀

나는 마음이 온유하고 겸손하니 내 멍에를 메고 나에게 배워
라. 그러면 너희가 안식을 얻을 것이다. ─ 마태 11,29

오늘의 묵주기도

영광의 신비

마침기도

모든 것을 이루게 하시는 목자 예수님
(   )가 무엇을 하든지 주님께 영광이 되게 하소서.
날마다 무엇을 시작하고 마칠 때
항상 함께 하시고, 주님의 사랑과 지혜가
자신의 삶을 채워 주심을 알고 감사하게 하소서.
그동안의 노력에 맞갖은 좋은 열매를 맺을 수 있도록
필요한 은총을 주시고,
언제나 당신께서 함께하신다는 굳은 믿음으로 마지막까지
최선을 다할 수 있도록 도와주소서.
우리 주 예수 그리스도를 통하여 비나이다.
아멘.

당신 말씀은 제 발에 등불, 저의 길에 빛입니다.

† 시편119,105

기도지향

함께 공부하는 친구들을 배려하는 마음을 심어 주소서.

시작기도

우리를 좋은 길로 이끄시는 목자 예수님!
걱정하지 말고 두려워하지도 말라고 당부하신
당신 말씀에 신뢰를 두게 하소서.
(　　　)가 시험을 준비하면서 어려운 일이 있더라도
그 안에서 당신의 뜻을 발견하며,
감사함으로 인내하도록 지혜와 용기를 주소서.
우리 주 예수 그리스도를 통하여 비나이다.
아멘.

오늘의 말씀

당신 말씀은 제 발에 등불, 저의 길에 빛입니다. – 시편 119,105

오늘의 묵주기도

환희의 신비

마침기도

모든 것을 이루게 하시는 목자 예수님
(   )가 무엇을 하든지 주님께 영광이 되게 하소서.
날마다 무엇을 시작하고 마칠 때
항상 함께 하시고, 주님의 사랑과 지혜가
자신의 삶을 채워 주심을 알고 감사하게 하소서.
그동안의 노력에 맞갖은 좋은 열매를 맺을 수 있도록
필요한 은총을 주시고,
언제나 당신께서 함께하신다는 굳은 믿음으로 마지막까지
최선을 다할 수 있도록 도와주소서.
우리 주 예수 그리스도를 통하여 비나이다.
아멘.

주님께서 너에게 영원한 빛이 되어 주시고
너의 하느님께서 너의 영광이 되어 주시리라.

✝ 이사60,19

기도지향

결과보다는 과정의 중요함을 깨닫게 하소서.

시작기도

우리를 좋은 길로 이끄시는 목자 예수님!
걱정하지 말고 두려워하지도 말라고 당부하신
당신 말씀에 신뢰를 두게 하소서.
(   )가 시험을 준비하면서 어려운 일이 있더라도
그 안에서 당신의 뜻을 발견하며,
감사함으로 인내하도록 지혜와 용기를 주소서.
우리 주 예수 그리스도를 통하여 비나이다.
아멘.

오늘의 말씀

주님께서 너에게 영원한 빛이 되어 주시고 너의 하느님께서
너의 영광이 되어 주시리라. ─ 이사 60,19

빛의 신비

마침기도

모든 것을 이루게 하시는 목자 예수님
(   )가 무엇을 하든지 주님께 영광이 되게 하소서.
날마다 무엇을 시작하고 마칠 때
항상 함께 하시고, 주님의 사랑과 지혜가
자신의 삶을 채워 주심을 알고 감사하게 하소서.
그동안의 노력에 맞갖은 좋은 열매를 맺을 수 있도록
필요한 은총을 주시고,
언제나 당신께서 함께하신다는 굳은 믿음으로 마지막까지
최선을 다할 수 있도록 도와주소서.
우리 주 예수 그리스도를 통하여 비나이다.
아멘.

나에게 힘을 주시는 분 안에서
나는 모든 것을 할 수 있습니다.

† 필리4,13

기도지향

주님께서 도와주실 것을 굳게 믿게 하소서.

시작기도

우리를 좋은 길로 이끄시는 목자 예수님!
걱정하지 말고 두려워하지도 말라고 당부하신
당신 말씀에 신뢰를 두게 하소서.
(   )가 시험을 준비하면서 어려운 일이 있더라도
그 안에서 당신의 뜻을 발견하며,
감사함으로 인내하도록 지혜와 용기를 주소서.
우리 주 예수 그리스도를 통하여 비나이다.
아멘.

오늘의 말씀

나에게 힘을 주시는 분 안에서 나는 모든 것을 할 수 있습니다.
— 필리 4,13

고통의 신비

마침기도

모든 것을 이루게 하시는 목자 예수님
(   )가 무엇을 하든지 주님께 영광이 되게 하소서.
날마다 무엇을 시작하고 마칠 때
항상 함께 하시고, 주님의 사랑과 지혜가
자신의 삶을 채워 주심을 알고 감사하게 하소서.
그동안의 노력에 맞갖은 좋은 열매를 맺을 수 있도록
필요한 은총을 주시고,
언제나 당신께서 함께하신다는 굳은 믿음으로 마지막까지
최선을 다할 수 있도록 도와주소서.
우리 주 예수 그리스도를 통하여 비나이다.
아멘.

내가 너의 하느님이니 겁내지 마라.
내가 너의 힘을 북돋우고 너를 도와주리라.
내 의로운 오른팔로 너를 붙들어 주리라.

† 이사 41,10

기도지향

걱정과 근심을 당신께 맡길 수 있게 하소서.

시작기도

우리를 좋은 길로 이끄시는 목자 예수님!
걱정하지 말고 두려워하지도 말라고 당부하신
당신 말씀에 신뢰를 두게 하소서.
(   )가 시험을 준비하면서 어려운 일이 있더라도
그 안에서 당신의 뜻을 발견하며,
감사함으로 인내하도록 지혜와 용기를 주소서.
우리 주 예수 그리스도를 통하여 비나이다.
아멘.

오늘의 말씀

내가 너의 하느님이니 겁내지 마라. 내가 너의 힘을 북돋우
고 너를 도와주리라. 내 의로운 오른팔로 너를 붙들어 주리라.
— 이사 41,10

오늘의 묵주기도

영광의 신비

마침기도

모든 것을 이루게 하시는 목자 예수님
(   )가 무엇을 하든지 주님께 영광이 되게 하소서.
날마다 무엇을 시작하고 마칠 때
항상 함께 하시고, 주님의 사랑과 지혜가
자신의 삶을 채워 주심을 알고 감사하게 하소서.
그동안의 노력에 맞갖은 좋은 열매를 맺을 수 있도록
필요한 은총을 주시고,
언제나 당신께서 함께하신다는 굳은 믿음으로 마지막까지
최선을 다할 수 있도록 도와주소서.
우리 주 예수 그리스도를 통하여 비나이다.
아멘.

너희가 원하는 것은 무엇이든지 청하여라.
너희에게 그대로 이루어질 것이다.

† 요한15,7

인내의 열매에 감사하게 하소서.

시작기도

우리를 좋은 길로 이끄시는 목자 예수님!
걱정하지 말고 두려워하지도 말라고 당부하신
당신 말씀에 신뢰를 두게 하소서.
(   )가 시험을 준비하면서 어려운 일이 있더라도
그 안에서 당신의 뜻을 발견하며,
감사함으로 인내하도록 지혜와 용기를 주소서.
우리 주 예수 그리스도를 통하여 비나이다.
아멘.

오늘의 말씀

너희가 원하는 것은 무엇이든지 청하여라.
너희에게 그대로 이루어질 것이다. — 요한 15,7

오늘의 묵주기도

환희의 신비

마침기도

모든 것을 이루게 하시는 목자 예수님
(   )가 무엇을 하든지 주님께 영광이 되게 하소서.
날마다 무엇을 시작하고 마칠 때
항상 함께 하시고, 주님의 사랑과 지혜가
자신의 삶을 채워 주심을 알고 감사하게 하소서.
그동안의 노력에 맞갖은 좋은 열매를 맺을 수 있도록
필요한 은총을 주시고,
언제나 당신께서 함께하신다는 굳은 믿음으로 마지막까지
최선을 다할 수 있도록 도와주소서.
우리 주 예수 그리스도를 통하여 비나이다.
아멘.

청하여라, 너희에게 주실 것이다.
찾아라, 너희가 얻을 것이다.
문을 두드려라, 너희에게 열릴 것이다.

✝ 루카11,9

기도지향

우리의 걱정과 근심이 가벼워지게 하소서.

시작기도

우리를 좋은 길로 이끄시는 목자 예수님!
걱정하지 말고 두려워하지도 말라고 당부하신
당신 말씀에 신뢰를 두게 하소서.
(   )가 시험을 준비하면서 어려운 일이 있더라도
그 안에서 당신의 뜻을 발견하며,
감사함으로 인내하도록 지혜와 용기를 주소서.
우리 주 예수 그리스도를 통하여 비나이다.
아멘.

오늘의 말씀

청하여라, 너희에게 주실 것이다. 찾아라, 너희가 얻을 것이다.
문을 두드려라, 너희에게 열릴 것이다. ― 루카 11,9

오늘의 묵주기도

빛의 신비

마침기도

모든 것을 이루게 하시는 목자 예수님
(   )가 무엇을 하든지 주님께 영광이 되게 하소서.
날마다 무엇을 시작하고 마칠 때
항상 함께 하시고, 주님의 사랑과 지혜가
자신의 삶을 채워 주심을 알고 감사하게 하소서.
그동안의 노력에 맞갖은 좋은 열매를 맺을 수 있도록
필요한 은총을 주시고,
언제나 당신께서 함께하신다는 굳은 믿음으로 마지막까지
최선을 다할 수 있도록 도와주소서.
우리 주 예수 그리스도를 통하여 비나이다.
아멘.

네가 하는 일을 주님께 맡겨라.
계획하는 일이 이루어질 것이다.

† 잠언16,3

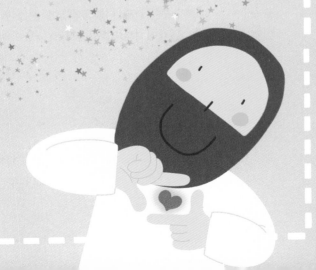

좋은 열매를 얻을 수 있도록 함께 하소서.

시작기도

우리를 좋은 길로 이끄시는 목자 예수님!
걱정하지 말고 두려워하지도 말라고 당부하신
당신 말씀에 신뢰를 두게 하소서.
(   )가 시험을 준비하면서 어려운 일이 있더라도
그 안에서 당신의 뜻을 발견하며,
감사함으로 인내하도록 지혜와 용기를 주소서.
우리 주 예수 그리스도를 통하여 비나이다.
아멘.

오늘의 말씀

네가 하는 일을 주님께 맡겨라. 계획하는 일이 이루어질 것이다.
─ 잠언 16,3

오늘의 묵주기도

고통의 신비

마침기도

모든 것을 이루게 하시는 목자 예수님
(   )가 무엇을 하든지 주님께 영광이 되게 하소서.
날마다 무엇을 시작하고 마칠 때
항상 함께 하시고, 주님의 사랑과 지혜가
자신의 삶을 채워 주심을 알고 감사하게 하소서.
그동안의 노력에 맞갖은 좋은 열매를 맺을 수 있도록
필요한 은총을 주시고,
언제나 당신께서 함께하신다는 굳은 믿음으로 마지막까지
최선을 다할 수 있도록 도와주소서.
우리 주 예수 그리스도를 통하여 비나이다.
아멘.

수험생 54일 기도(D-15)

나는 넘어져도 다시 일어나고 어둠 속에
앉아 있어도 주님께서 나의 빛이 되어 주신다.

† 미카 7,8

기도지향

시험을 준비하는 모든 수험생을 도와주소서.

시작기도

우리를 좋은 길로 이끄시는 목자 예수님!
걱정하지 말고 두려워하지도 말라고 당부하신
당신 말씀에 신뢰를 두게 하소서.
(   )가 시험을 준비하면서 어려운 일이 있더라도
그 안에서 당신의 뜻을 발견하며,
감사함으로 인내하도록 지혜와 용기를 주소서.
우리 주 예수 그리스도를 통하여 비나이다.
아멘.

오늘의 말씀

나는 넘어져도 다시 일어나고 어둠 속에 앉아 있어도
주님께서 나의 빛이 되어 주신다. ─ 미카 7,8

영광의 신비

마침기도

모든 것을 이루게 하시는 목자 예수님
(   )가 무엇을 하든지 주님께 영광이 되게 하소서.
날마다 무엇을 시작하고 마칠 때
항상 함께 하시고, 주님의 사랑과 지혜가
자신의 삶을 채워 주심을 알고 감사하게 하소서.
그동안의 노력에 맞갖은 좋은 열매를 맺을 수 있도록
필요한 은총을 주시고,
언제나 당신께서 함께하신다는 굳은 믿음으로 마지막까지
최선을 다할 수 있도록 도와주소서.
우리 주 예수 그리스도를 통하여 비나이다.
아멘.

수험생 54일 기도(D-14)

정녕 하느님께서는 들으셨네.
내 기도 소리를 새겨들으셨네.

† 시편 66,19

기도지향

자신의 생각보다 이웃의 목소리에 귀 기울이는 삶을 살게 하소서.

시작기도

우리를 좋은 길로 이끄시는 목자 예수님!
걱정하지 말고 두려워하지도 말라고 당부하신
당신 말씀에 신뢰를 두게 하소서.
(   )가 시험을 준비하면서 어려운 일이 있더라도
그 안에서 당신의 뜻을 발견하며,
감사함으로 인내하도록 지혜와 용기를 주소서.
우리 주 예수 그리스도를 통하여 비나이다.
아멘.

오늘의 말씀

정녕 하느님께서는 들으셨네. 내 기도 소리를 새겨들으셨네.
― 시편 66,19

마침기도

모든 것을 이루게 하시는 목자 예수님
(　　　)가 무엇을 하든지 주님께 영광이 되게 하소서.
날마다 무엇을 시작하고 마칠 때
항상 함께 하시고, 주님의 사랑과 지혜가
자신의 삶을 채워 주심을 알고 감사하게 하소서.
그동안의 노력에 맞갖은 좋은 열매를 맺을 수 있도록
필요한 은총을 주시고,
언제나 당신께서 함께하신다는 굳은 믿음으로 마지막까지
최선을 다할 수 있도록 도와주소서.
우리 주 예수 그리스도를 통하여 비나이다.
아멘.

행복하십니다,
주님께서 하신 말씀이
이루어지리라고 믿으신 분!

† 루카 1,45

기도지향

자신의 재능이나 힘으로 살려는 어리석음을 범하지 않도록 하소서.

시작기도

우리를 좋은 길로 이끄시는 목자 예수님!
걱정하지 말고 두려워하지도 말라고 당부하신
당신 말씀에 신뢰를 두게 하소서.
(   )가 시험을 준비하면서 어려운 일이 있더라도
그 안에서 당신의 뜻을 발견하며,
감사함으로 인내하도록 지혜와 용기를 주소서.
우리 주 예수 그리스도를 통하여 비나이다.
아멘.

오늘의 말씀

행복하십니다, 주님께서 하신 말씀이 이루어지리라고
믿으신 분! ─ 루카 1,45

오늘의 묵주기도

빛의 신비

마침기도

모든 것을 이루게 하시는 목자 예수님
(   )가 무엇을 하든지 주님께 영광이 되게 하소서.
날마다 무엇을 시작하고 마칠 때
항상 함께 하시고, 주님의 사랑과 지혜가
자신의 삶을 채워 주심을 알고 감사하게 하소서.
그동안의 노력에 맞갖은 좋은 열매를 맺을 수 있도록
필요한 은총을 주시고,
언제나 당신께서 함께하신다는 굳은 믿음으로 마지막까지
최선을 다할 수 있도록 도와주소서.
우리 주 예수 그리스도를 통하여 비나이다.
아멘.

애야, 용기를 내어라.

✝ 토빗 7,17

기도지향

불안하고 두려운 마음을 이겨낼 수 있는 용기를 주소서.

시작기도

우리를 좋은 길로 이끄시는 목자 예수님!
걱정하지 말고 두려워하지도 말라고 당부하신
당신 말씀에 신뢰를 두게 하소서.
(   )가 시험을 준비하면서 어려운 일이 있더라도
그 안에서 당신의 뜻을 발견하며,
감사함으로 인내하도록 지혜와 용기를 주소서.
우리 주 예수 그리스도를 통하여 비나이다.
아멘.

오늘의 말씀

애야, 용기를 내어라. ― 토빗 7,17

고통의 신비

마침기도

모든 것을 이루게 하시는 목자 예수님
(   )가 무엇을 하든지 주님께 영광이 되게 하소서.
날마다 무엇을 시작하고 마칠 때
항상 함께 하시고, 주님의 사랑과 지혜가
자신의 삶을 채워 주심을 알고 감사하게 하소서.
그동안의 노력에 맞갖은 좋은 열매를 맺을 수 있도록
필요한 은총을 주시고,
언제나 당신께서 함께하신다는 굳은 믿음으로 마지막까지
최선을 다할 수 있도록 도와주소서.
우리 주 예수 그리스도를 통하여 비나이다.
아멘.

수험생 54일 기도(D-11)

내가 너희를 위로하리라.

✝ 이사66,13

기도지향

몸과 마음이 건강할 수 있도록 보살펴 주소서.

시작기도

우리를 좋은 길로 이끄시는 목자 예수님!
걱정하지 말고 두려워하지도 말라고 당부하신
당신 말씀에 신뢰를 두게 하소서.
(   )가 시험을 준비하면서 어려운 일이 있더라도
그 안에서 당신의 뜻을 발견하며,
감사함으로 인내하도록 지혜와 용기를 주소서.
우리 주 예수 그리스도를 통하여 비나이다.
아멘.

오늘의 말씀

내가 너희를 위로하리라. ─ 이사 66,13

영광의 신비

마침기도

모든 것을 이루게 하시는 목자 예수님
(   )가 무엇을 하든지 주님께 영광이 되게 하소서.
날마다 무엇을 시작하고 마칠 때
항상 함께 하시고, 주님의 사랑과 지혜가
자신의 삶을 채워 주심을 알고 감사하게 하소서.
그동안의 노력에 맞갖은 좋은 열매를 맺을 수 있도록
필요한 은총을 주시고,
언제나 당신께서 함께하신다는 굳은 믿음으로 마지막까지
최선을 다할 수 있도록 도와주소서.
우리 주 예수 그리스도를 통하여 비나이다.
아멘.

누구든지 청하는 이는 받고, 찾는 이는 얻고,
문을 두드리는 이에게는 열릴 것이다.

✝ 루카11,10

기도지향

더 겸손해질 수 있게 하소서.

시작기도

우리를 좋은 길로 이끄시는 목자 예수님!
걱정하지 말고 두려워하지도 말라고 당부하신
당신 말씀에 신뢰를 두게 하소서.
(   )가 시험을 준비하면서 어려운 일이 있더라도
그 안에서 당신의 뜻을 발견하며,
감사함으로 인내하도록 지혜와 용기를 주소서.
우리 주 예수 그리스도를 통하여 비나이다.
아멘.

오늘의 말씀

누구든지 청하는 이는 받고, 찾는 이는 얻고,
문을 두드리는 이에게는 열릴 것이다. ― 루카 11,10

오늘의 묵주기도

환희의 신비

마침기도

모든 것을 이루게 하시는 목자 예수님
(   )가 무엇을 하든지 주님께 영광이 되게 하소서.
날마다 무엇을 시작하고 마칠 때
항상 함께 하시고, 주님의 사랑과 지혜가
자신의 삶을 채워 주심을 알고 감사하게 하소서.
그동안의 노력에 맞갖은 좋은 열매를 맺을 수 있도록
필요한 은총을 주시고,
언제나 당신께서 함께하신다는 굳은 믿음으로 마지막까지
최선을 다할 수 있도록 도와주소서.
우리 주 예수 그리스도를 통하여 비나이다.
아멘.

수험생 54일 기도(D-9)

내가 너와 함께 있으니 두려워하지 마라.

✝ 창세26,24

기도지향

모든 것을 인도해 주신 하느님의 은총을 알게 하소서.

시작기도

우리를 좋은 길로 이끄시는 목자 예수님!
걱정하지 말고 두려워하지도 말라고 당부하신
당신 말씀에 신뢰를 두게 하소서.
(   )가 시험을 준비하면서 어려운 일이 있더라도
그 안에서 당신의 뜻을 발견하며,
감사함으로 인내하도록 지혜와 용기를 주소서.
우리 주 예수 그리스도를 통하여 비나이다.
아멘.

오늘의 말씀

내가 너와 함께 있으니 두려워하지 마라. ― 창세 26,24

오늘의 묵주기도

빛의 신비

마침기도

모든 것을 이루게 하시는 목자 예수님
(   )가 무엇을 하든지 주님께 영광이 되게 하소서.
날마다 무엇을 시작하고 마칠 때
항상 함께 하시고, 주님의 사랑과 지혜가
자신의 삶을 채워 주심을 알고 감사하게 하소서.
그동안의 노력에 맞갖은 좋은 열매를 맺을 수 있도록
필요한 은총을 주시고,
언제나 당신께서 함께하신다는 굳은 믿음으로 마지막까지
최선을 다할 수 있도록 도와주소서.
우리 주 예수 그리스도를 통하여 비나이다.
아멘.

용기를 내어라. 네 믿음이 너를 구원하였다.

† 마태9,22

기도지향

모든 것을 의탁할 수 있는 믿음을 주소서.

시작기도

우리를 좋은 길로 이끄시는 목자 예수님!
걱정하지 말고 두려워하지도 말라고 당부하신
당신 말씀에 신뢰를 두게 하소서.
(   )가 시험을 준비하면서 어려운 일이 있더라도
그 안에서 당신의 뜻을 발견하며,
감사함으로 인내하도록 지혜와 용기를 주소서.
우리 주 예수 그리스도를 통하여 비나이다.
아멘.

오늘의 말씀

용기를 내어라. 네 믿음이 너를 구원하였다. ─ 마태 9,22

고통의 신비

마침기도

모든 것을 이루게 하시는 목자 예수님
(   )가 무엇을 하든지 주님께 영광이 되게 하소서.
날마다 무엇을 시작하고 마칠 때
항상 함께 하시고, 주님의 사랑과 지혜가
자신의 삶을 채워 주심을 알고 감사하게 하소서.
그동안의 노력에 맞갖은 좋은 열매를 맺을 수 있도록
필요한 은총을 주시고,
언제나 당신께서 함께하신다는 굳은 믿음으로 마지막까지
최선을 다할 수 있도록 도와주소서.
우리 주 예수 그리스도를 통하여 비나이다.
아멘.

수험생 54일 기도(D-7)

용기를 내어 일어나게.
예수님께서 당신을 부르시네.

† 마르10,49

기도지향

삶이 변화되는 비밀이 감사에 있음을 잊지 않게 하소서.

시작기도

우리를 좋은 길로 이끄시는 목자 예수님!
걱정하지 말고 두려워하지도 말라고 당부하신
당신 말씀에 신뢰를 두게 하소서.
(   )가 시험을 준비하면서 어려운 일이 있더라도
그 안에서 당신의 뜻을 발견하며,
감사함으로 인내하도록 지혜와 용기를 주소서.
우리 주 예수 그리스도를 통하여 비나이다.
아멘.

오늘의 말씀

용기를 내어 일어나게. 예수님께서 당신을 부르시네.
— 마르 10,49

영광의 신비

마침기도

모든 것을 이루게 하시는 목자 예수님
(   )가 무엇을 하든지 주님께 영광이 되게 하소서.
날마다 무엇을 시작하고 마칠 때
항상 함께 하시고, 주님의 사랑과 지혜가
자신의 삶을 채워 주심을 알고 감사하게 하소서.
그동안의 노력에 맞갖은 좋은 열매를 맺을 수 있도록
필요한 은총을 주시고,
언제나 당신께서 함께하신다는 굳은 믿음으로 마지막까지
최선을 다할 수 있도록 도와주소서.
우리 주 예수 그리스도를 통하여 비나이다.
아멘.

여러분의 모든 걱정을 그분께 내맡기십시오.
그분께서 여러분을 돌보고 계십니다.

† 1베드 5,7

관대함으로 시험에 임하게 하소서.

시작기도

우리를 좋은 길로 이끄시는 목자 예수님!
걱정하지 말고 두려워하지도 말라고 당부하신
당신 말씀에 신뢰를 두게 하소서.
(   )가 시험을 준비하면서 어려운 일이 있더라도
그 안에서 당신의 뜻을 발견하며,
감사함으로 인내하도록 지혜와 용기를 주소서.
우리 주 예수 그리스도를 통하여 비나이다.
아멘.

오늘의 말씀

여러분의 모든 걱정을 그분께 내맡기십시오.
그분께서 여러분을 돌보고 계십니다. ─ 1베드 5,7

오늘의 묵주기도

환희의 신비

마침기도

모든 것을 이루게 하시는 목자 예수님
(   )가 무엇을 하든지 주님께 영광이 되게 하소서.
날마다 무엇을 시작하고 마칠 때
항상 함께 하시고, 주님의 사랑과 지혜가
자신의 삶을 채워 주심을 알고 감사하게 하소서.
그동안의 노력에 맞갖은 좋은 열매를 맺을 수 있도록
필요한 은총을 주시고,
언제나 당신께서 함께하신다는 굳은 믿음으로 마지막까지
최선을 다할 수 있도록 도와주소서.
우리 주 예수 그리스도를 통하여 비나이다.
아멘.

주님은 나의 빛, 나의 구원. 나 누구를 두려워하랴?
주님은 내 생명의 요새. 나 누구를 무서워하랴?

† 시편 27,1

기도지향

하느님 뜻에 맞갖은 사람으로 살도록 도와주소서.

시작기도

우리를 좋은 길로 이끄시는 목자 예수님!
걱정하지 말고 두려워하지도 말라고 당부하신
당신 말씀에 신뢰를 두게 하소서.
(   )가 시험을 준비하면서 어려운 일이 있더라도
그 안에서 당신의 뜻을 발견하며,
감사함으로 인내하도록 지혜와 용기를 주소서.
우리 주 예수 그리스도를 통하여 비나이다.
아멘.

오늘의 말씀

주님은 나의 빛, 나의 구원. 나 누구를 두려워하랴?
주님은 내 생명의 요새. 나 누구를 무서워하랴?

— 시편 27,1

빛의 신비

마침기도

모든 것을 이루게 하시는 목자 예수님
(   )가 무엇을 하든지 주님께 영광이 되게 하소서.
날마다 무엇을 시작하고 마칠 때
항상 함께 하시고, 주님의 사랑과 지혜가
자신의 삶을 채워 주심을 알고 감사하게 하소서.
그동안의 노력에 맞갖은 좋은 열매를 맺을 수 있도록
필요한 은총을 주시고,
언제나 당신께서 함께하신다는 굳은 믿음으로 마지막까지
최선을 다할 수 있도록 도와주소서.
우리 주 예수 그리스도를 통하여 비나이다.
아멘.

주님은 나의 힘, 나의 굳셈.
나에게 구원이 되어 주셨다.

† 탈출15,2

기도지향

어려움 앞에서 비관하지 않고, 믿음으로 하느님을 찾게 하소서.

시작기도

우리를 좋은 길로 이끄시는 목자 예수님!
걱정하지 말고 두려워하지도 말라고 당부하신
당신 말씀에 신뢰를 두게 하소서.
(   )가 시험을 준비하면서 어려운 일이 있더라도
그 안에서 당신의 뜻을 발견하며,
감사함으로 인내하도록 지혜와 용기를 주소서.
우리 주 예수 그리스도를 통하여 비나이다.
아멘.

오늘의 말씀

주님은 나의 힘, 나의 굳셈. 나에게 구원이 되어 주셨다.
— 탈출 15,2

고통의 신비

마침기도

모든 것을 이루게 하시는 목자 예수님
(   )가 무엇을 하든지 주님께 영광이 되게 하소서.
날마다 무엇을 시작하고 마칠 때
항상 함께 하시고, 주님의 사랑과 지혜가
자신의 삶을 채워 주심을 알고 감사하게 하소서.
그동안의 노력에 맞갖은 좋은 열매를 맺을 수 있도록
필요한 은총을 주시고,
언제나 당신께서 함께하신다는 굳은 믿음으로 마지막까지
최선을 다할 수 있도록 도와주소서.
우리 주 예수 그리스도를 통하여 비나이다.
아멘.

평화가 너희와 함께!

† 요한20,19

기도지향

주어진 결과에 감사하게 하소서.

시작기도

우리를 좋은 길로 이끄시는 목자 예수님!
걱정하지 말고 두려워하지도 말라고 당부하신
당신 말씀에 신뢰를 두게 하소서.
(   )가 시험을 준비하면서 어려운 일이 있더라도
그 안에서 당신의 뜻을 발견하며,
감사함으로 인내하도록 지혜와 용기를 주소서.
우리 주 예수 그리스도를 통하여 비나이다.
아멘.

오늘의 말씀

평화가 너희와 함께! — 요한 20,19

영광의 신비

마침기도

모든 것을 이루게 하시는 목자 예수님
(   )가 무엇을 하든지 주님께 영광이 되게 하소서.
날마다 무엇을 시작하고 마칠 때
항상 함께 하시고, 주님의 사랑과 지혜가
자신의 삶을 채워 주심을 알고 감사하게 하소서.
그동안의 노력에 맞갖은 좋은 열매를 맺을 수 있도록
필요한 은총을 주시고,
언제나 당신께서 함께하신다는 굳은 믿음으로 마지막까지
최선을 다할 수 있도록 도와주소서.
우리 주 예수 그리스도를 통하여 비나이다.
아멘.

수험생 54일 기도(D-2)

네 믿음이 참으로 크구나.
네가 바라는 대로 될 것이다.

✝ 마태15,28

마지막까지 최선을 다하는 용기와 인내의 사람이 되게 하소서.

시작기도

우리를 좋은 길로 이끄시는 목자 예수님!
걱정하지 말고 두려워하지도 말라고 당부하신
당신 말씀에 신뢰를 두게 하소서.
(   )가 시험을 준비하면서 어려운 일이 있더라도
그 안에서 당신의 뜻을 발견하며,
감사함으로 인내하도록 지혜와 용기를 주소서.
우리 주 예수 그리스도를 통하여 비나이다.
아멘.

오늘의 말씀

네 믿음이 참으로 크구나. 네가 바라는 대로 될 것이다.
— 마태 15,28

오늘의 묵주기도

환희의 신비

마침기도

모든 것을 이루게 하시는 목자 예수님
(   )가 무엇을 하든지 주님께 영광이 되게 하소서.
날마다 무엇을 시작하고 마칠 때
항상 함께 하시고, 주님의 사랑과 지혜가
자신의 삶을 채워 주심을 알고 감사하게 하소서.
그동안의 노력에 맞갖은 좋은 열매를 맺을 수 있도록
필요한 은총을 주시고,
언제나 당신께서 함께하신다는 굳은 믿음으로 마지막까지
최선을 다할 수 있도록 도와주소서.
우리 주 예수 그리스도를 통하여 비나이다.
아멘.

수험생 54일 기도(D-1)

나는 너를 잊지 않는다.

† 이사49,15

기도지향

지금까지 주셨던 모든 은총에 감사하게 하소서.

시작기도

우리를 좋은 길로 이끄시는 목자 예수님!
걱정하지 말고 두려워하지도 말라고 당부하신
당신 말씀에 신뢰를 두게 하소서.
(   )가 시험을 준비하면서 어려운 일이 있더라도
그 안에서 당신의 뜻을 발견하며,
감사함으로 인내하도록 지혜와 용기를 주소서.
우리 주 예수 그리스도를 통하여 비나이다.
아멘.

오늘의 말씀

나는 너를 잊지 않는다. ─ 이사 49,15

빛의 신비

마침기도

모든 것을 이루게 하시는 목자 예수님
(   )가 무엇을 하든지 주님께 영광이 되게 하소서.
날마다 무엇을 시작하고 마칠 때
항상 함께 하시고, 주님의 사랑과 지혜가
자신의 삶을 채워 주심을 알고 감사하게 하소서.
그동안의 노력에 맞갖은 좋은 열매를 맺을 수 있도록
필요한 은총을 주시고,
언제나 당신께서 함께하신다는 굳은 믿음으로 마지막까지
최선을 다할 수 있도록 도와주소서.
우리 주 예수 그리스도를 통하여 비나이다.
아멘.

당신 손을 뻗치시어 당신 오른손으로
저를 구하십니다.

† 시편138,7

기도지향

성령의 도우심을 올바른 판단을 가지고 시험에 임하도록
도와주소서.

시작기도

우리를 좋은 길로 이끄시는 목자 예수님!
걱정하지 말고 두려워하지도 말라고 당부하신
당신 말씀에 신뢰를 두게 하소서.
(   )가 시험을 준비하면서 어려운 일이 있더라도
그 안에서 당신의 뜻을 발견하며,
감사함으로 인내하도록 지혜와 용기를 주소서.
우리 주 예수 그리스도를 통하여 비나이다.
아멘.

오늘의 말씀

당신 손을 뻗치시어 당신 오른손으로 저를 구하십니다.
— 시편 138,7

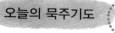

오늘의 묵주기도

고통의 신비

마침기도

모든 것을 이루게 하시는 목자 예수님
(   )가 무엇을 하든지 주님께 영광이 되게 하소서.
날마다 무엇을 시작하고 마칠 때
항상 함께 하시고, 주님의 사랑과 지혜가
자신의 삶을 채워 주심을 알고 감사하게 하소서.
그동안의 노력에 맞갖은 좋은 열매를 맺을 수 있도록
필요한 은총을 주시고,
언제나 당신께서 함께하신다는 굳은 믿음으로 마지막까지
최선을 다할 수 있도록 도와주소서.
우리 주 예수 그리스도를 통하여 비나이다.
아멘.

주요기도문

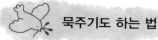
묵주기도 하는 법

성모찬송
성호경

신비1단 주님의기도
성모송 10번
영광송
구원송

신비2단
주님의기도
성모송 10번
영광송
구원송

성모송 3번

주님의기도

성호경, 사도신경

신비3단
주님의기도
성모송 10번
영광송
구원송

신비5단
주님의기도
성모송 10번
영광송
구원송

신비4단
주님의기도
성모송 10번
영광송
구원송

⅄ 사도신경

전능하신 천주 성부
천지의 창조주를 저는 믿나이다.
그 외아들 우리 주 예수 그리스도님
(밑줄 부분에서 모두 깊은 절을 한다)
<u>성령으로 인하여 동정 마리아께 잉태되어 나시고</u>
본시오 빌라도 통치 아래서 고난을 받으시고
십자가에 못 박혀 돌아가시고 묻히셨으며
저승에 가시어 사흘날에 죽은 이들 가운데서 부활하시고
하늘에 올라 전능하신 천주 성부 오른편에 앉으시며
그리로부터 산 이와 죽은 이를 심판하러 오시리라 믿나이다.
성령을 믿으며
거룩하고 보편된 교회와 모든 성인의 통공을 믿으며
죄의 용서와 육신의 부활을 믿으며
영원한 삶을 믿나이다.
아멘.

❦ 주님의 기도

하늘에 계신 우리 아버지,
아버지의 이름이 거룩히 빛나시며
아버지의 나라가 오시며
아버지의 뜻이 하늘에서와 같이
땅에서도 이루어지소서!
오늘 저희에게 일용할 양식을 주시고
저희에게 잘못한 이를 저희가 용서하오니
저희 죄를 용서하시고
저희를 유혹에 빠지지 않게 하시고
악에서 구하소서.
아멘.

❧ 성모송

은총이 가득하신 마리아님, 기뻐하소서!
주님께서 함께 계시니 여인 중에 복되시며
태중의 아들 예수님 또한 복되시나이다.
천주의 성모 마리아님,
이제와 저희 죽을 때에
저희 죄인을 위하여 빌어주소서.
아멘.

❧ 영광송

(밑줄 부분에서 고개를 숙이며)
<u>영광이 성부와 성자와 성령께</u>
처음과 같이
이제와 항상 영원히.
아멘.

🌱 구원을 비는 기도(구원송)

예수님, 저희 죄를 용서하시며,
저희를 지옥 불에서 구하시고,
연옥 영혼을 돌보시며
가장 버림받은 영혼을 돌보소서.

묵주기도의 신비 5단

✍ 환희의 신비

1단 _ 마리아께서 예수님을 잉태하심을 묵상합시다.
2단 _ 마리아께서 엘리사벳을 찾아보심을 묵상합시다.
3단 _ 마리아께서 예수님을 낳으심을 묵상합시다.
4단 _ 마리아께서 예수님을 성전에 바치심을 묵상합시다.
5단 _ 마리아께서 잃으셨던 예수님을 성전에서 찾으심을 묵상
       합시다.

✍ 빛의 신비

1단 _ 예수님께서 세례 받으심을 묵상합시다.
2단 _ 예수님께서 카나에서 첫 기적을 행하심을 묵상합시다.
3단 _ 예수님께서 하느님 나라를 선포하심을 묵상합시다.
4단 _ 예수님께서 거룩하게 변모하심을 묵상합시다.
5단 _ 예수님께서 성체성사를 세우심을 묵상합시다.

❧ 고통의 신비

1단 _ 예수님께서 우리를 위하여 피땀 흘리심을 묵상합시다.
2단 _ 예수님께서 우리를 위하여 매맞으심을 묵상합시다.
3단 _ 예수님께서 우리를 위하여 가시관 쓰심을 묵상합시다.
4단 _ 예수님께서 우리를 위하여 십자가 지심을 묵상합시다.
5단 _ 예수님께서 우리를 위하여 십자가에 못박혀 돌아가심을
　　　묵상합시다.

❧ 영광의 신비

1단 _ 예수님께서 부활하심을 묵상합시다.
2단 _ 예수님께서 승천하심을 묵상합시다.
3단 _ 예수님께서 성령을 보내심을 묵상합시다.
4단 _ 예수님께서 마리아를 하늘에 불러올리심을 묵상합시다.
5단 _ 예수님께서 마리아께 천상 모후의 관을 씌우심을 묵상
　　　합시다.

❧ 성모찬송

○ 모후이시며 사랑이 넘친 어머니, 우리의 생명, 기쁨,
  희망이시여,
● 당신 우러러 하와의 그 자손들이 눈물을 흘리며
  부르짖나이다. 슬픔의 골짜기에서,
○ 우리들의 보호자 성모님, 불쌍한 저희를 인자로운 눈으로
  굽어보소서.
● 귀양살이 끝날 때에 당신의 아들 우리 주 예수님 뵙게
  하소서. 너그러우시고, 자애로우시며 오! 아름다우신
  동정 마리아님.
○ 천주의 성모님, 저희를 위하여 빌어주시어
● 그리스도께서 약속하신 영원한 생명을 얻게 하소서.
✝ 기도합시다.
  하느님, 외아드님께서 삶과 죽음과 부활로
  저희에게 영원한 구원을 마련해 주셨나이다.
  복되신 동정 마리아와 함께 이 신비를 묵상하며
  묵주기도를 바치오니 저희가 그 가르침을 따라
  영원한 생명을 얻게 하소서.
  우리 주 그리스도를 통하여 비나이다.
  아멘.

십자가의 길

✚ 주 예수님,
◎ 저희를 위하여 온갖 수난을 겪으신
　주님의 사랑을 묵상하며
　성모님과 함께
　십자가의 길을 걷고자 하나이다.
　저희에게 죄를 뉘우치고
　주님의 수난을 함께 나눌 마음을 주시어
　언제나 주님을 사랑하게 하시며
　성직자들을 거룩하게 하시고
　모든 죄인이 회개하도록 은혜를 내려주소서.

（제1처로 가며）
◎ 어머니께 청하오니 제 맘속에 주님 상처 깊이 새겨주소서.

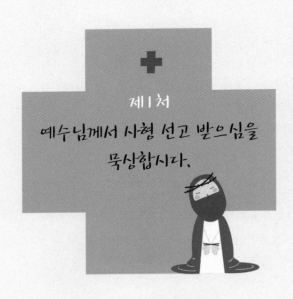

제1처

예수님께서 사형 선고 받으심을
묵상합시다.

✝ 주님께서는 십자가로 온 세상을 구원하셨나이다.
◎ 예수 그리스도님,

　　(깊은 절을 하며)

　　경배하며 찬송하나이다.

　　구세주 예수님,

　　저희를 위하여

　　아무런 죄도 없이 극심한 모욕과 사형선고를 받으셨으니

　　죄인들이 마땅히 받아야 할 영원한 벌에서

　　저희를 구원하소서.

　　(잠깐 묵상한다.)

　　(주님의 기도, 성모송, 영광송.)

　　(제2처로 가며)

◎ 어머니께 청하오니….

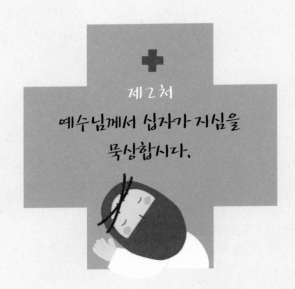

제 2 처

예수님께서 십자가 지심을
묵상합시다.

✚ 주님께서는 십자가로 온 세상을 구원하셨나이다.
◎ 예수 그리스도님, 경배하며 찬송하나이다.

구세주 예수님,
저희를 사랑하신 까닭에
이 무거운 십자가를 기꺼이 지고 가셨으니
저희도 주님을 사랑하며
주님께서 허락하시는 모든 십자가를
기꺼이 지게 하소서.
(잠깐 묵상한다.)
(주님의 기도, 성모송, 영광송.)

(제3처로 가며)
◎ 어머니께 청하오니….

제3처

예수님께서 기력이 떨어져
넘어지심을 묵상합시다.

✝ 주님께서는 십자가로 온 세상을 구원하셨나이다.
◎ 예수 그리스도님, 경배하며 찬송하나이다.

구세주 예수님,
무거운 십자가에 눌려 넘어지시는
고통과 모욕을 당하셨으니
저희가 언제나 주님을 변함없이 섬기며
죄에 떨어지는 일이 없게 하소서.
(잠깐 묵상한다.)
(주님의 기도, 성모송, 영광송.)

(제4처로 가며)
◎ 어머니께 청하오니….

제 4 처

예수님께서 성모님을 만나심을
묵상합시다.

✚ 주님께서는 십자가로 온 세상을 구원하셨나이다.
◎ 예수 그리스도님, 경배하며 찬송하나이다.

구세주 예수님과 성모 마리아님,
괴로운 십자가의 길에서 서로 만나시어
사무치는 아픔을 겪으셨으니
저희 마음에 사랑을 북돋아 주시어
주님과 성모님을 사랑하는 데에
장애 되는 모든 것을 물리치게 하소서.
(잠깐 묵상한다.)
(주님의 기도, 성모송, 영광송.)

(제5처로 가며)
◎ 어머니께 청하오니….

제5처

시몬이 예수님을 도와
십자가 짐을 묵상합시다.

✝ 주님께서는 십자가로 온 세상을 구원하셨나이다.
◎ 예수 그리스도님, 경배하며 찬송하나이다.

구세주 예수님,
시몬이 주님을 도와 십자가를 졌으니
저희도 주님께서 맡겨주시는 십자가를
날마다 기꺼이 지고 가게 하소서.
(잠깐 묵상한다.)
(주님의 기도, 성모송, 영광송.)

(제6처로 가며)
◎ 어머니께 청하오니….

제 6 처

베로니카, 수건으로 예수님의
얼굴을 닦아드림을 묵상합시다.

✟ 주님께서는 십자가로 온 세상을 구원하셨나이다.
◎ 예수 그리스도님, 경배하며 찬송하나이다.

구세주 예수님,
나쁜 무리가 주님의 얼굴에 침을 뱉고
주님을 업신여기며 모욕하였듯이
저희도 죄를 지을 때마다
주님의 얼굴을 더럽히는 것이오니
통회의 눈물로
주님의 얼굴을 씻어드리게 하소서.
(잠간 묵상한다.)
(주님의 기도, 성모송, 영광송.)

(제7처로 가며)
◎ 어머니께 청하오니….

제9처
기력이 다하신 예수님께서
두 번째 넘어지심을 묵상합시다.

✝ 주님께서는 십자가로 온 세상을 구원하셨나이다.
◎ 예수 그리스도님, 경배하며 찬송하나이다.

구세주 예수님,
저희를 위하여 두 번째 넘어지시는 고욕을 당하셨으니
주님을 한결같이 섬기지 못하고
다시 죄에 떨어져
주님의 사랑을 저버리는 저희에게 자비를 베푸시어
다시는 세속과 육신의 간교한 유혹에 빠지지 않게 하소서.
(잠깐 묵상한다.)
(주님의 기도, 성모송, 영광송.)

(제8처로 가며)
◎ 어머니께 청하오니….

제8처

예수님께서 예루살렘 부인들을 위로하심을 묵상합시다.

✝ 주님께서는 십자가로 온 세상을 구원하셨나이다.
◎ 예수 그리스도님, 경배하며 찬송하나이다.

구세주 예수님,
저희 죄로 상처를 받으시고
온몸이 헤어지셨으니
저희에게 풍부한 은총을 내리시어
지난날에 지은 모든 죄를 뉘우치며
주님의 품을 찾아 들게 하소서.
(잠깐 묵상한다.)
(주님의 기도, 성모송, 영광송.)

(제9처로 가며)
◎ 어머니께 청하오니….

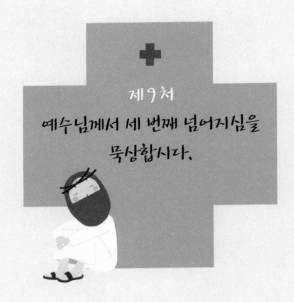

제 9 처

예수님께서 세 번째 넘어지심을
묵상합시다.

✟ 주님께서는 십자가로 온 세상을 구원하셨나이다.
◎ 예수 그리스도님, 경배하며 찬송하나이다.

구세주 예수님,
무거운 저희 죄에 눌리시어
세 번이나 무참히 넘어지셨으니
그 수난의 공로를 저희에게 나누어 주시어
저희가 이미 지은 죄에서 다시 일어나게 하소서.
(잠깐 묵상한다.)
(주님의 기도, 성모송, 영광송.)

(제10처로 가며)
◎ 어머니께 청하오니….

제10처
예수님께서 옷 벗김 당하심을
묵상합시다.

✚ 주님께서는 십자가로 온 세상을 구원하셨나이다.
◎ 예수 그리스도님, 경배하며 찬송하나이다.

구세주 예수님,
병사들이 난폭하게 주님의 옷을 벗길 때에
살이 묻어나는 극도의 고통을 당하셨으며
죄수로 군중 앞에 서시는 모욕을 당하셨으니
저희가 모든 죄를 벗어버리게 하소서.
(잠깐 묵상한다.)
(주님의 기도, 성모송, 영광송.)

(제11처로 가며)
◎ 어머니께 청하오니….

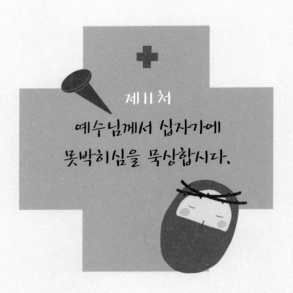

제11처

예수님께서 십자가에
못박히심을 묵상합시다.

✠ 주님께서는 십자가로 온 세상을 구원하셨나이다.
◎ 예수 그리스도님, 경배하며 찬송하나이다.

구세주 예수님,
알몸으로 십자가에 못박혀 달리셨으니
저희도 주님과 같이
몸과 마음을 희생제물로 봉헌하게 하소서.
(잠깐 묵상한다.)
(주님의 기도, 성모송, 영광송.)

(제12처로 가며)
◎ 어머니께 청하오니….

제12처

예수님께서 십자가 위에서
돌아가심을 묵상합시다.

✚ 주님께서는 십자가로 온 세상을 구원하셨나이다.
◎ 예수 그리스도님, 경배하며 찬송하나이다.

구세주 예수님,
저희를 위하여 십자가 위에서 숨을 거두셨으니
저희도 십자가에 못박혀
다시는 저희 자신을 위하여 살지 않고
주님을 위하여 살게 하소서.
구세주 예수님,
혹시라도 영원히 주님을 떠날 불행이 저희에게 닥칠양이면
차라리 지금 주님과 함께 죽는 행복을 내려주소서.
(잠깐 묵상한다.)
(주님의 기도, 성모송, 영광송.)

(제13처로 가며)
◎ 어머니께 청하오니….

제13처

제자들이 예수님 시신을 십자가
에서 내림을 묵상합시다.

✟ 주님께서는 십자가로 온 세상을 구원하셨나이다.
◎ 예수 그리스도님, 경배하며 찬송하나이다.

　　구세주 예수님,
　　주님의 시신을 십자가에서 내려 품에 안으신
　　성모님의 전구를 들으시어
　　저희도 성모님 품안에서
　　효성스러운 자녀로 살다가
　　마침내 그 품안에서 죽게 하소서.
　　(잠깐 묵상한다.)
　　(주님의 기도, 성모송, 영광송.)

　　(제14처로 가며)
◎ 어머니께 청하오니….

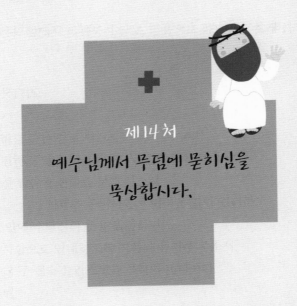

제14처
예수님께서 무덤에 묻히심을
묵상합시다.

✚ 주님께서는 십자가로 온 세상을 구원하셨나이다.
◎ 예수 그리스도님, 경배하며 찬송하나이다.

돌무덤에 묻히신 구세주 예수님,
저희가 주님의 죽음을 생각하며
언제나 깨끗한 마음으로 정성을 다하여
사랑의 성체를 받아 모시게 하소서.
(잠깐 묵상한다.)
(주님의 기도, 성모송, 영광송.)

수험생을 위한 54일 기도

교회인가 2022. 9. 1.

글 · 그림 원인숙(선한목자예수수녀회)

1판 1쇄 발행 2022. 9. 13.
1판 2쇄 발행 2023. 10. 5.

펴낸곳 예지 | **펴낸이** 김종욱
표지 · 편집 디자인 예온

등록번호 제 1-2893호 | **등록일자** 2001. 7. 23.
주소 경기도 고양시 일산동구 호수로 662
전화 031-900-8061(마케팅), 8060(편집) | **팩스** 031-900-8062

ⓒ 2022. 선한목자예수수녀회
Published by Wisdom Publishing. Co.
Printed in Korea

ISBN 979-11-87895-39-8 42230

예지의 책은 오늘보다 나은 내일을 위한 선택입니다.